DROIT RURAL

LE PARCOURS DE LA VAINE PATURE — BAN DE VENDANGE

VENTE DES BLÉS EN VERT

LOUAGE DES DOMESTIQUES ET OUVRIERS RURAUX

PAR

M. Le Neuf de NEUFVILLE

PRÉSIDENT HONORAIRE DU TRIBUNAL CIVIL D'ALENÇON
MEMBRE DE L'ACADÉMIE DE LÉGISLATION
OFFICIER DE L'INSTRUCTION PUBLIQUE
ANCIEN MAIRE — CONSEILLER MUNICIPAL DE SAINT-DENIS-DE-MÉRÉ, ETC. ETC.

(EXTRAIT DE LA *FRANCE JUDICIAIRE*)

PARIS

A. DURAND ET PEDONE-LAURIEL, ÉDITEURS
LIBRAIRES DE LA COUR D'APPEL ET DE L'ORDRE DES AVOCATS
G. PEDONE-LAURIEL, SUCCESSEUR
13, RUE SOUFFLOT, 13

1893

DROIT RURAL

LE PARCOURS DE LA VAINE PATURE — BAN DE VENDANGE

VENTE DES BLÉS EN VERT

LOUAGE DES DOMESTIQUES ET OUVRIERS RURAUX

PAR

M. Le Neuf de NEUFVILLE

PRÉSIDENT HONORAIRE DU TRIBUNAL CIVIL D'ALENÇON
MEMBRE DE L'ACADÉMIE DE LÉGISLATION
OFFICIER DE L'INSTRUCTION PUBLIQUE
ANCIEN MAIRE — CONSEILLER MUNICIPAL DE SAINT-DENIS-DE-MÉRÉ, ETC. ETC.

(EXTRAIT DE LA *FRANCE JUDICIAIRE*)

PARIS

A. DURAND ET PEDONE-LAURIEL, ÉDITEURS

LIBRAIRES DE LA COUR D'APPEL ET DE L'ORDRE DES AVOCATS

G. PEDONE-LAURIEL, Successeur

13, rue Soufflot, 13

1893

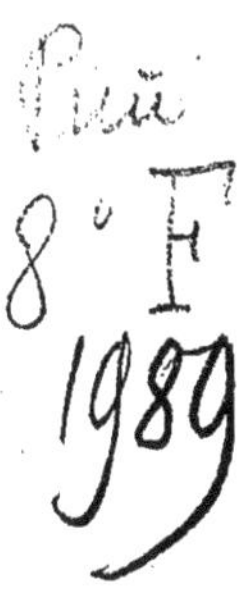

DROIT RURAL

I. Dans les premiers âges, les peuples nomades profitèrent des richesses naturelles du sol qui nourrissait leurs troupeaux ; avec le temps se développa la race de ces pasteurs, et ces grandes familles recherchèrent les plus fertiles oasis et s'établirent dans les contrées les plus plantureuses ; la communauté d'existence entre ces bergers et l'absence de culture de la terre maintinrent l'usage de laisser tous les animaux parcourir les terrains occupés. Cette coutume survécut au partage des terres et à l'établissement de la propriété ; elle produisit une espèce d'association agricole dont les associés abandonnaient à la communauté les produits naturels de leur sol et recevaient en échange le droit de laisser leurs troupeaux se répandre sur tous les terrains de la société, et ainsi fut créé le droit de parcours et de vaine pâture : c'est en s'inspirant de ces faits historiques que la cour de Cassation a défini cette coutume : « une société ou communauté de paturages composée de la généralité des habitants et s'appliquant souvent à la généralité du territoire ou d'une section du territoire d'abord d'une paroisse et plus tard d'une commune ». Cet usage qui, dans les temps primitifs, s'étendait sur des terres immenses fut plus tard limité aux territoires de petites agglomérations humaines : nous voyons en France ce droit restreint s'exerçant sur les terres d'une ou de plusieurs paroisses ; en continuant l'exercice de cette coutume, les habitants trouvaient en outre l'avantage de se réunir pour repousser les attaques et les rapines d'ennemis menaçants. Tantôt deux ou plusieurs paroisses s'associaient pour rechercher ces avantages ; ce droit s'appelait alors *parcours*, tantôt une seule paroisse formait l'association entre ses seuls habitants, et ce droit prenait le nom de *vaine pâture*. La vaine pâture était donc le droit de parcours limité à une seule paroisse.

La division du territoire de la France en commune devait, en modifiant les territoires frappés de parcours, faire tomber cette antique coutume. La loi du 28 septembre 1891, sur le droit rural, codifiant les principes des anciens us, fait déjà pressentir la précarité de ce droit; le code civil, dans l'article 648, facilite sa suppression; les départements eux-mêmes, au nombre de 77 en 1853, vinrent réclamer l'abolition de cette servitude et, c'est sans effort et sans protestation que le législateur de 1889 a fait disparaître ce vieil usage. La vaine pâture seule a opposé une certaine résistance aux attaques qui essayaient de l'anéantir en même temps que le droit de parcours; grâce à son caractère de bienfaisance, elle se maintiendra encore longtemps, mais elle aussi est frappée de précarité.

Le droit de parcours et de vaine pâture ne doit pas être confondu avec les droits de pâturage, de pacage, de fanage, limités à des propriétés déterminées; il est encore d'autres droits, qui possèdent un caractère spécial tel que la jouissance de terrains communaux, l'usage dans les forêts et l'usufruit de certaines terres.

Le droit de parcours est aboli, tel est le premier article de la loi du 10 juillet 1889; le législateur avait mûri pendant treize ans ce projet de loi, il a pu se convaincre qu'il répondait au sentiment unanime des intéressés. L'abolition de cette coutume pouvait néanmoins léser des droits acquis et provoquer des demandes en dommages-intérêts: aussi la loi fait-elle une distinction entre le cas où cet usage ne possède pas d'origine connue et existe de temps immémorial, et le cas où ce droit a été acquis à titre onéreux. Dans la première hypothèse, le législateur repousse toute indemnité; dans la seconde, le titre a eu pour cause un prix; cette cause justifie une indemnité qui compense le dommage; le conseil de préfecture est chargé de régler le montant de l'indemnité. Si le titre contesté exige une confirmation ou une interprétation, le conseil devra surseoir et attendre la décision des tribunaux ordinaires.

La loi de 1889 avait, en principe, également frappé le droit de vaine pâture; de vives protestations se manifestèrent parmi les populations rurales; l'usage d'envoyer les bestiaux sur les terres de la commune venait en aide aux indigents et aux petits propriétaires et constituait une véritable richesse pour le pays ; les cultivateurs de leur côté profitaient des engrais déposés par les animaux sur leurs terres ; il est vrai que l'article 544 du code civil et une circulaire ministérielle aux préfets de 1890 rappelaient aux propriétaires leur droit de se syndiquer et d'établir entre eux sur leurs propriétés le droit de vaine pâture ; mais l'antique usage avantageait les pauvres et ne pouvait laisser indifférent le législateur qui s'empressa, le 24 juin 1890, de modifier les dispositions de la loi de 1889, tout en manifestant son intention de voir disparaître ces vieilles coutumes ; la loi nouvelle adoucit la formule de ses prescriptions: Le droit de pâture (art. 2) appartenant à la généralité des habitants et s'appliquant en même temps à la généralité du territoire d'une commune ou d'une section de commune devait cesser de plein droit un an après la promulgation de la loi du 11 juin 1890. Toutefois, pendant ce laps de temps qui a pris fin le 11 juin 1891, le maintien du droit de vaine pâture, fondé sur une ancienne loi ou coutume, sur un usage immémorial ou sur un titre a pu être réclamé au profit d'une commune ou d'une section de commune : soit par délibération du conseil municipal, soit par requête d'un ou plusieurs ayants droit adressée au préfet ; celui-ci a dû mettre le conseil municipal en demeure de donner son avis dans le six mois, a défaut de quoi il a été passé outre.

Toute demande en maintien de ce droit (art. 3, l. 1889) qu'elle vienne du conseil municipal ou qu'elle émane d'un ou plusieurs ayants droit est soumise au conseil général et sa décision devient définitive si elle est conforme à la délibération du conseil municipal. S'il existe une divergence entre la délibération du conseil municipal et la décision du conseil général, la question est tranchée par décret rendu en conseil d'État.

Si, antérieurement au 11 juin 1891 c'est-à-dire dans l'année de la promulgation de la loi de 1890, la réclamation (art. 2, l. 1889) n'a pas été l'objet d'une décision légale du conseil général ou d'un décret du conseil d'État, la vaine pâture a continué à être exercée jusqu'à ce que cette décision fut intervenue.

La procédure prescrite par la loi porte l'empreinte des préoccupations législatives, ne fallait-il pas chercher à sauvegarder le droit de la propriété et les aspirations du progrès, et en même temps ne pas oublier les intérêts des humbles cultivateurs dont les bestiaux ne peuvent vivre en liberté sur des terres limitées et souvent d'un difficile accès.

Ainsi, actuellement, le droit de pâture est aboli là où il n'a pas été réclamé; il ne peut revivre avec sa généralité et, ce qui survit encore est destiné à s'éteindre, emporté par les prescriptions nouvelles que nous allons énumérer :

1° Le droit de pâture, réclamé avant le 11 juin 1891, qui a continué à être exercé par suite du retard de décision du conseil général ou du conseil d'État, (art. 3, l. 1889) peut encore être aboli par arrêt de cette suprême juridiction.

2° Dans le cas de maintien de la vaine pâture, le conseil municipal peut seul, et à l'exclusion de tout autre ayant droit, ouvrir une enquête commodo et incommodo (art. 3, l. 1889) et proposer la suppression de ce droit : la délibération du conseil municipal est soumise au conseil général et, en cas de divergence entre les délibérations de ces deux assemblées, le conseil d'État statue et peut faire disparaître cette servitude.

Quels motifs ont suggéré au législateur l'obligation de l'enquête?

Les délais limités et la promulgation récente des lois de 1889 et 1890 avaient publiquement averti les intéressés et leur avaient facilité la demande en maintien de la vaine pâture, obligatoire dans l'année de la promulgation de la loi de 1889; n'en sera-t-il pas autrement désormais lorsqu'il s'agira d'une proposition de suppression produite par un conseil municipal, après un long laps de temps: alors l'attention des intéressés peut être surprise, et sacrifié l'intérêt de la généralité des habitants (rapport de M. Malens au Sénat) la publicité d'une enquête éveillera les intérêts et évitera les surprises.

3° Dans aucun cas et dans aucun temps la vaine pâture ne peut s'exercer sur les prairies artificielles (art. 5, l. 1890) la loi de 1889, abrogée, avait étendu son exclusion même sur les prairies naturelles, elle prétextait que le droit réservé de vaine pâture était un obstacle à toute amélioration des prairies ; une étude plus approfondie est venue établir que les prés riverains des cours d'eau, privés de clôture, et morcelés à l'infini trouvaient leur amélioration et leur fécondité dans une dépaissance commune et dans le passage des bestiaux dont les engrais incessants fertilisaient le sol. Aussi la loi de 1890 s'est-elle empressée de rétablir sur les prairies naturelles, la vaine pâture supprimée l'année précédente, en décidant toutefois que ce droit devait être réclamé dans la condition où il s'exerçait antérieurement, et en se conformant aux dispositions que nous avons examinées. Il est néanmoins résulté de la loi de 1889 que le droit de vaine pâture a été aboli même pour les prairies naturelles et qu'il ne s'exerce plus sur celles en faveur desquelles on n'a pas réclamé le rétablissement.

4° La vaine pâture ne peut encore avoir lieu sur aucune terre ensemencée ou couverte d'une production quelconque faisant l'objet d'une récolte, tant que la récolte n'est pas enlevée (art. 583, l. 1890). Nous avons vu qu'une des conditions constitutives de la vaine pâture c'est qu'elle s'exerce seulement sur les fruits naturels de la terre, tels que les herbes des près après la dépouille, les produits des chemins, des guérets, des terres en friches, des terres arables après la récolte et généralement de tous les héritages où il n'y a ni fruits, ni semences.

Comment la vaine pâture peut-elle s'exercer sur les terres qui produisent plusieurs récoltes ?

Les anciens usages doivent être observés et, à leur défaut, il devient utile de provoquer une décision du conseil municipal (circ. ministérielle du 7 août 1890); celui-ci s'efforcera de concilier l'intérêt de la propriété et les droits des habitants.

Les progrès incessants de l'agriculture développent les cultures intensives et repoussent les terres en friches ; le cultivateur ne veut plus s'en tenir aux produits naturels de la terre, il facilite des récoltes plus abondantes par son intelligence, ses systèmes, son travail, c'est son droit ; l'article 6 de la loi de 1889 encourage le propriétaire à user de tout nouveau mode d'assolement ou de culture. Aussi, dans cette hypothèse qui prévoit l'intérêt majeur du développement de la fortune publique, la vaine pâture ne peut jamais s'exercer sur les terres qui ne donnent plus de produits naturels. En cas de réclamation de la part des ayants droit ainsi lésés, le conseil municipal intervient par voie de réglementation ou même de suppression du droit (Circ. minis. 7 août 1890). La solution qui s'impose dans cette question découle des principes appliqués dans la loi de 1889 (article 5) qui abolit la vaine pâture sur les prairies artificielles. Ces prairies deviennent l'œuvre de l'homme, les produits sont provoqués par les semences et les efforts du cultivateur ; les terres arables, elles aussi, produisant sans repos des récoltes, doivent être assimilées aux prairies artificielles.

5° Tout propriétaire peut encore affranchir sa propriété de la vaine pâture en entourant son terrain d'une clôture (art. 6, l. 1889) s'il profite de cet avantage en exonérant sa propriété d'une servitude passive, il perd son droit à la vaine pâture en proportion du terrain qu'il y soustrait en conformité des articles 647 et 648 du code civil. Cette faculté de se clore et de sortir de l'association était déjà inscrite dans la loi de 1791, article 1, section 4, sur le droit rural.

Quelles sont les conditions exigées de toute clôture dégrévant la terre de la servitude de vaine pâture ?

1° La clôture doit empêcher d'une manière absolue les animaux de pénétrer sur la propriété ; 2° elle doit entourer le terrain d'une manière complète ; 3° son élévation au-dessus du sol doit avoir un mètre au minimum ; 4° si la clôture est en largeur, elle doit mesurer un mètre vingt centimètres à l'ouverture et cinquante centimètres en profondeur ; 5° si l'obstacle est formé de traverses en bois ou de fils métalliques, ces bois et ces fils doivent être distants entre eux de 33 centimètres au plus ; il devient indispensable dès lors de poser trois traverses ou trois fils métalliques au moins par clôture d'un mètre de hauteur ; et ces matériaux doivent avoir la solidité suffisante pour repousser tout introduction des animaux sur la propriété dégrevée.

Ces conditions sont essentielles et permettent seulement au propriétaire dont la propriété serait envahie par la divagation des animaux de réclamer des dommages-intérêts.

Le cultivateur est libre de choisir l'espèce de clôture qu'il préfère ; haie vive, murs, palissade, treillage, haie sèche, traverses, fer métallique et autres (art. 6, l. 1889).

La distance à observer vis-à-vis du voisin, soit dans l'établissement d'un fossé, soit dans la plantation des haies vives, doit être conforme aux prescriptions du code civil et des coutumes.

6° L'article 1er de la loi de 1890 autorise enfin tout propriétaire de l'héritage grevé de la servitude de vaine pâture à s'affranchir de ce droit, moyennant une indemnité fixée à dire d'experts et par voie de cautionnement. Toutefois pour user de cet avantage, la vaine pâture doit être fondée sur un titre et établie sur un héritage déterminé.

La faculté exceptionnelle et exclusive, accordée au propriétaire d'un héritage déterminé, de faire disparaître la servitude spéciale de vaine pâture, est une mesure équitable. En effet l'immeuble déterminé n'a pas été appelé par l'article 2 de la loi de 1889 à profiter de l'affranchissement accordé à toutes les terres grevées de vaine pâture qui n'ont subi aucune réclamation formulée avant le 11 juin 1891. Nous avons vu, en effet, que le conseil municipal pouvait réclamer le maintien du droit de vaine pâture fondé sur une ancienne loi ou coutume, sur un usage immémorial ou sur un titre, mais à condition que ce droit appartienne à la généralité des habitants et s'applique à la généralité du territoire d'une commune ou d'une section de commune. Or l'hypothèse prévue par l'article 1er est différente ; la vaine pâture n'existe qu'en vertu d'un titre spécial ou d'une prescription antérieure au code civil, et elle s'exerce sur un héritage déterminé et, non seulement ce droit n'a pu disparaître faute de réclamation du conseil municipal, mais même le conseil ne peut jamais en demander la suppression ni en modifier l'exploitation. Cette servitude a pu, par exemple, résulter d'aliénation d'une propriété communale avec réserve d'un droit de vaine pâture soit au profit d'un ou plusieurs particuliers, soit au profit de la généralité des habitants : la commune est obligée par son titre, et elle ne peut plus anéantir un droit concédé aux habitants ; seul le propriétaire à son tour retrouve l'avantage que lui refusait l'article 2 de la loi de 1890, et peut s'affranchir de la servitude soit moyennant une indemnité, soit en abandonnant par voie de cautionnement une portion de ses terres pour remplacer le droit de vaine pâture.

Toutes les prescriptions légales que nous venons d'exposer

hâteront le dégrèvement des propriétés soumises encore à la vaine pâture, dont l'ensemble se compose actuellement : 1° des territoires des communes grevés de ce droit de vaine pâture avant la loi de 1889 et maintenus dans cette servitude par les décisions administratives en conséquence des réclamations faites par les conseils municipaux ; 2° des prairies naturelles ; 3° des terrains ni ensemencés ni couverts de récoltes ; 4° des propriétés ouvertes ; 5° des héritages déterminés et établis par titres non encore affranchis, au moyen d'indemnités ou par voie de cautionnement.

Comment doit être exercé le droit de vaine pâture ?

Ce droit est régi par les usages locaux (art. 4, l. 1889) sans qu'il puisse être dérogé aux prescriptions concernant le droit de clore les héritages (art. 647-648 c. c.). D'après ces usages, la vaine pâture s'exerce (art. 4, l. 1889) au moyen du troupeau en commun. Le troupeau commun est confié à un pâtre nommé par le maire et agréé par le conseil municipal. Les propriétaires des animaux doivent se conformer à l'arrêté administratif ; ils ne pourraient s'entendre entre eux et confier à un autre pasteur la garde de leurs troupeaux (cass. crim. 5 oct. 1838, 2 déc. 1846). Il faut en effet surveiller les droits de la communauté : le préposé du maire conduit le troupeau, fait appliquer les règlements, empêche les ayants droit d'augmenter le nombre d'animaux qui leur est imparti soit par la loi, soit par les délibérations municipales, et de substituer à leurs bestiaux des animaux appartenant à des personnes étrangères à la commune (cass. crim. 10 sept. 1831).

Toutefois, l'usage du troupeau en commun n'est pas obligatoire (art. 7, l. 1889) ; la vaine pâture peut s'exercer par troupeau séparé (art. 4, l. 1889) ; tout ayant droit peut renoncer à la communauté ; il lui est permis de faire garder par troupeau séparé le nombre de têtes de bétail qui lui est attribué par la répartition générale. Si le propriétaire use de ce droit, il peut choisir un pâtre particulier ; mais il lui est interdit de s'entendre avec un ou plusieurs autres ayants droit pour confier à ce garde leurs troupeaux ; il ne peut y avoir dans chaque commune qu'une communauté et qu'un garde administratif.

Quels sont les ayants droit à la vaine pâture ?

Peuvent exercer cette servitude, tous propriétaires ou fermiers domiciliés on non domiciliés dans la commune à condition qu'ils exploitent des terres situées dans cette commune (art. 8, l. 1889) la loi ne s'occupe ni de la qualité ni du domicile de celui qui doit user du droit de vaine pâture ; l'on se rappelle que ce droit appartient à une association, et l'associé doit pouvoir mettre des terres dans la communauté avant de profiter des terrains de ses co-associés : la vaine pâture constitue en réalité une société foncière. Il en résulte que la qualité d'habitant de la commune ne peut être exigée de l'ayant droit ; aussi la rédaction de l'article 2 de la loi de 1890 qui parle de la vaine pâture appartenant à la généralité des habitants est-elle défectueuse et incomplète et en contradiction avec l'article 2 de la loi de 1889 qui admet comme ayant droit tous exploitants tels que fermiers, usagers, usufruitiers, domiciliés dans une autre commune.

Le droit de vaine pâture doit être directement exercé par les ayants droit et ne peut être cédé à personne (art. 10, l. 1889) cette obligation existait déjà sous la loi de 1791 et la jurisprudence a depuis longtemps reconnu qu'il s'agit d'un droit personnel appartenant à chacun pris dans la généralité des exploitants (cass. crim., 10 sept. 1831, 14 fév. 1833).

Quelle quantité de bétail chaque ayant droit peut-il envoyer sur les terres soumises à la vaine pâture ?

Cette quantité est proportionnée à l'étendue du terrain que chaque ayant droit apporte dans l'association (art. 8, l. 1889) elle est fixée dans chaque commune ou section de commune entre tous les propriétaires ou fermiers exploitants à tant de têtes par hectares. Cette répartition n'intéresse nullement l'ordre public, et les ayants droit ou sociétaires sont les plus dévoués à la défense des intérêts de l'association, aussi les associés sont-ils appelés à appliquer eux-mêmes les règlements et les usages locaux. Dans le cas seul où naîtraient des difficultés, il faudrait avoir recours à une délibération du conseil municipal soumise à l'approbation du préfet.

Si la vaine pâture s'est maintenue malgré les progrès de l'agriculture et l'émancipation du sol qui tend à se dégrever de ses servitudes, si cette vieille coutume menacée a vu s'élever en sa faveur, de nombreuses et énergiques réclamations, c'est que ce droit renferme de précieux principes de bienfaisance, proclame le privilège des pauvres et des petits propriétaires, et arrête dans la commune l'extension du paupérisme ; il offre même à l'agriculture cet avantage opportun de conserver à la terre des bras précieux et d'empêcher l'émigration dans les villes des ouvriers attachés à la culture du sol. Peut-être le législateur moderne a t-il méconnu ce côté de l'intérêt social en poursuivant d'abord avec trop d'empressement l'abolition de la vaine pâture ; dans tous les cas la loi n'a pas omis les droits qui de tous temps avaient été octroyés aux moins fortunés : en effet aux termes de l'article 9 de la loi de 1889 tout chef de famille domicilié dans la commune, alors même qu'il n'est ni propriétaire, ni fermier d'une parcelle quelconque des terrains sociaux à la vaine pâture, peut mettre sur les dits terrains soit par troupeaux séparés, soit dans les troupeaux communs, six bêtes à laine et une vache avec son veau, sans préjudice des droits plus étendus qui lui seraient accordé par l'usage local ou le titre.

La participation au droit de parcours exige donc deux conditions : l'ayant droit doit être : 1° chef de famille, 2° domicilié dans la commune. Cet avantage constitue une exception au principe d'association qui domine la vaine pâture et qui veut que chaque associé tire un profit proportionné à l'avantage qu'il offre.

La loi nouvelle en précisant la quantité de bétail qui devra profiter du droit exceptionnel n'a entendu établir qu'un minimum de libéralité, l'usage et le titre ont pu accorder un avantage plus considérable, et l'exercice de ce droit n'empêche pas les mêmes ayants droit de profiter d'autres droits de pâture établis sur les biens communaux d'une même commune.

Ce droit exceptionnel stipulé en faveur des pauvres exclut-il le chef de famille riche domicilié qui n'aurait fourni aucun terrain à l'association, ou dont les terres auraient été exonérées de la servitude de vaine pâture, soit par la clôture, soit par le rachat, soit par le cantonnement ?

La loi ne fait aucune distinction, tout chef de famille domicilié a le droit de faire pâturer sur les terres de la société le minimum de bétail indiqué.

A quel moment s'ouvre chaque année le droit de vaine pâture et pendant combien de temps peut-il être exercé ?

Les terres font-elles l'objet d'une récolte, l'ayant droit doit attendre l'enlèvement de cette récolte (art. 5, l. 1890) les terrains ne rapportent-ils jamais de récoltes, et n'offrent-ils ainsi que des produits naturels tels que des chemins publics, le droit peut s'exercer d'une manière permanente.

La loi ne fixe pas l'époque de l'année où doit cesser la vaine pâture. Dans la discussion de la loi de 1890, M. Biré proposa de décider que la vaine pâture ne pourrait plus avoir lieu sur les prairies naturelles après le 25 décembre ; la Chambre des députés ne tint aucun compte de cette observation : elle objecta qu'à cette époque il n'y aurait plus rien à prendre dans les champs et que ces prescriptions rentraient dans les pouvoirs de réglementation que les conseils municipaux peuvent invoquer sous le contrôle du préfet.

Quels sont les pouvoirs incombant aux conseils municipaux pour la vaine pâture ?

Les conseils municipaux peuvent toujours prendre des arrêts pour réglementer le droit de vaine pâture : (art. 11, l. 1889) ; ces décisions ne sont exécutoires qu'après avoir été approuvées par le préfet statuant en conseil de préfecture (art. 68 et 69, l. 5 août 1884), le préfet peut refuser d'approuver les délibérations ou ne pas faire connaître son opinion dans le délai d'un mois à partir de la date du récépissé, dans ce cas le conseil municipal peut se pourvoir devant le ministre de l'intérieur.

L'article 11 de la loi de 1889 indique, *exempli causa*, quelques hypothèses pouvant faire l'objet de la réglementation du conseil municipal : le conseil peut prendre des arrêtés pour suspendre l'exercice de la vaine pâture en cas d'épizootie, de dégel, ou de pluies torrentielles ; pour cantonner les troupeaux de différents propriétaires ou les animaux d'espèces différents ; pour interdire la présence d'animaux dangereux ou malade dans les troupeaux (art. 4, l. 1889).

Le conseil n'est pas le seul qui puisse prendre ces arrêtés, le maire peut toujours exercer son droit de surveillance et de police dans l'intérêt de l'ordre public et de la salubrité (art. 91, l. 1884) le préfet possède les mêmes droits dans tous les cas où il n'y aurait pas été pourvu par les autorités municipales (art. 99, l. 1884).

En l'absence de toute réglementation le droit de vaine pâture s'exerce conformément aux coutumes et usages locaux.

Par exception et dans les hypothèses que nous avons examinées sous l'article 3 de la loi de 1890, le conseil municipal qui poursuit soit le maintien soit la suppression du droit de vaine pâture ne doit plus soumettre sa délibération à l'approbation du préfet, mais à l'examen du conseil général, et en cas de désaccord entre ces deux assemblées, la question est tranchée par le conseil d'État.

II. Dans les pays vignobles, les maires après avoir pris l'avis des notables, font des arrêtés pour fixer la date précise de la récolte du raisin : cette mesure se base sur l'intérêt de l'hygiène publique, empêche de couper les raisins verts et de faire des boissons dangereuses ; nul propriétaire de vignes ne pouvait donc commencer la cueillette avant l'époque fixée ; comme les vignes se sont multipliées, il en résulte que cette mesure entraînait l'élévation du prix de la main-d'œuvre et ne répondait plus à des abus qui ont disparu par suite d'intérêts mieux compris, aussi depuis longtemps nombre de régions vinicoles ont-elles élevé des protestations, contre les entraves apportées à la liberté des cultures; l'article 13 de la loi de 1889 a fait droit à ces justes réclamations, et désormais le ban de vendange ne pourra être établi ou même maintenu que dans les communes où le conseil municipal l'aura ainsi décidé par délibération soumise au conseil général et approuvée par lui; en cas de désaccord entre les deux assemblées disparaît le ban de vendange.

Si ce droit est établi ou maintenu, il ne peut plus être réglé par des usages anciens, mais par des arrêtés pris chaque année par le maire ; désormais celui-ci s'inspirera de l'intérêt des vignerons, de la situation des cultures, de l'opportunité de la cueillette du raisin (rapport de M. Malens au Sénat).

Le ban de vendange est destiné à disparaître comme déjà ont été supprimés les bans de moisson et de fauchaison.

Dans tous les cas les prescriptions des arrêtés pris par le maire ne sont pas applicables aux vignobles entourés de clôture répondant aux conditions que nous avons indiquées et examinées dans l'article 6 sur la vaine pâture.

III. La loi du 6 thermidor an III rappelait l'ancienne défense de détruire ou de couper des blés en vert ou d'autres productions utiles de la terre. Depuis longtemps ces prescriptions étaient tombées en désuétude rare : de nos jours est le cultivateur qui préfère couper en vert une moisson qui lui promet un avantage prochain et sérieux, aussi l'article 14 de la loi 1889 fait-il disparaître une loi désormais inutile en déclarant abrogée la disposition concernant la vente des blés en vert.

IV. L'article 15 de la loi de 1889 se préoccupe du louage des domestiques et des ouvriers ruraux, et édicte que la durée de tout engagement est, sauf preuve d'une convention contraire, réglée suivant l'usage des lieux. Une contestation peut s'élever entre le maître et l'ouvrier sur la durée du louage, comment établir la vérité des allégations contradictoires ? Dans les campagnes les usages s'imposent et font loi, et toujours dans les loués de domestiques chacun invoque la coutume du lieu, *locus regit actum*, le juge devra donc rechercher les habitudes qui varient à l'infini et appliquer la coutume, en l'absence de toute convention contraire et précise (exposé des motifs).

La loi que nous commentons ne nous permet pas de nous étendre d'avantage sur les principes qui concernent le louage des domestiques et des ouvriers. Aussi sommes-nous contraints de réserver l'examen de cette étude pratique.

Imp. G. Saint-Aubin et Thevenot, Saint-Dizier, 30, Passage Verdeau, Paris.

DU MÊME AUTEUR

Pratique de l'Ordre	5 fr.
Instruction criminelle et liberté provisoire	1 »
Commentaire des lois et décrets sur les examens du brevet de capacité	1 »
Du report	1 »
Le duel	1 »
Le divorce	1 »
La transcription hypothécaire	1 »
La Cour suprême et les arrêts de ses chambres réunies	1 »
Vingt ans de magistrature	1 »
Souvenirs d'un juge d'instruction	1 »
Les combats d'Alençon depuis le XIe siècle jusqu'à l'invasion allemande de 1871	2 »
Droit rural : clôtures et plantations ; la loi de 1881 et les anciennes coutumes de Normandie	1 »
De l'enclave	0 50
Sentiers, tour d'échelles, animaux nuisibles, vices rédhibitoires	1 »
Animaux employés à l'exploitation des propriétés rurales	1 »

Imp. G. Saint-Aubin et Thevenot, Saint-Dizier (Haute-Marne), 30, Passage Verdeau Paris.

www.ingramcontent.com/pod-product-compliance
Ingram Content Group UK Ltd.
Pitfield, Milton Keynes, MK11 3LW, UK
UKHW020456220726
13923UKWH00006B/2589